KB131477

초등 필수
영어회화
쓰기

초등 필수 영어회화 쓰기

지은이 넥서스콘텐츠개발팀
펴낸이 임상진
펴낸곳 (주)넥서스

초판 1쇄 발행 2016년 1월 25일
초판 3쇄 발행 2020년 4월 20일

출판신고 1992년 4월 3일 제311-2002-2호
10880 경기도 파주시 지목로 5
Tel (02)330-5500 Fax (02)330-5555

ISBN 979-11-5752-640-6 63740

www.nexusbook.com
넥서스Friends는 (주)넥서스의 초·중등 영어 전문 브랜드입니다.

교육부 지정

초등 필수 영어회화 쓰기

How sad!

Very good!

넥서스콘텐츠개발팀 지음

교육부 권장

초등 필수 회화표현 총 수록!

넥서스Friends

이 책의 특징

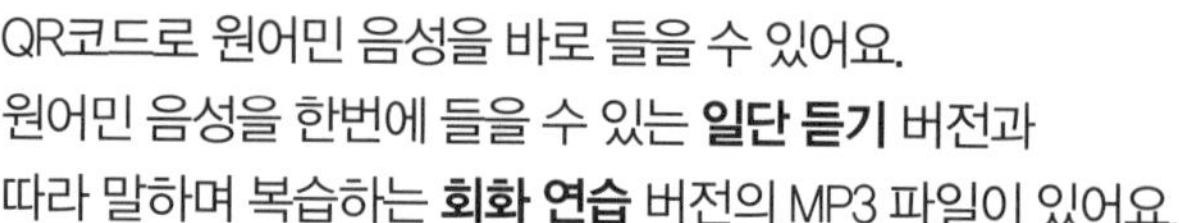

QR코드로 원어민 음성을 바로 들을 수 있어요.
원어민 음성을 한번에 들을 수 있는 **일단 듣기** 버전과
따라 말하며 복습하는 **회화 연습** 버전의 MP3 파일이 있어요.

매일매일 공부한 날짜를 적어 보세요.

몇 학년 때 배우는지
표시되어 있어요.

공부한 다음
✓표시를 해 보세요.

따라 써 보세요.
말하면서 쓰다 보면
어느새 외워져요.

표현에 대한 설명이 부록(131쪽)에
정리되어 있어요. 어려운 표현은
설명을 참고하세요.

단어도 세 번씩 따라 써 보세요.

패턴을 응용해서 다양한
문장을 만들 수 있어요.

소리 내어 말하면서 쓰면
입으로만 외우는 것보다
더 잘 외워져요.

공부한 표현은 ✓표시를 해 보세요.

Day 1

- ☑ Hello!
- ○ Hi, Mr. White.
- ○ Good morning.
- ○ I'm Lee Minho.
- ○ It's good.
- ○ It's nothing.

Day 2

- ○ Suji, this is Jimin.
- ○ My name is Han Jimin.
- ○ It's nice to meet you.
- ○ My sister is a nurse.
- ○ Is this your toy?
- ○ Is this your shoe?

Day 3

- ○ How are you today?
- ○ I'm fine, thank you.
- ○ How's it going?
- ○ Not bad, thanks.
- ○ I will learn Chinese.
- ○ I will join the club.

Day 4

- ○ How's this?
- ○ Very good!
- ○ That's fine.
- ○ It's not good.
- ○ Do you like apples?
- ○ Do you want pizza?

Day 5

- ○ Okay!
- ○ That's great!
- ○ Excellent!
- ○ Well done!
- ○ Do you know him?
- ○ Do you know this restaurant?

Day 6

- ○ Sure.
- ○ Of course.
- ○ All right.
- ○ No problem.
- ○ Can I have some more?
- ○ Can I come in?

Day 7

- ○ That sounds good.
- ○ No, thank you.
- ○ Me, too.
- ○ Same here.
- ○ May I eat this cookie?
- ○ May I take a picture?

Day 8

- ○ Oh, look!
- ○ I'm sure.
- ○ I don't know.
- ○ I have no idea.
- ○ Can you dance?
- ○ Can you come to my party?

Day 9

- ○ I'm so sorry about that.
- ○ Not at all.
- ○ Forget it.
- ○ It doesn't matter.
- ○ I can't wait.
- ○ I can't skate.

Day 10

- ○ Are you happy?
- ○ I'm so glad.
- ○ I'm very sad.
- ○ I feel unhappy.
- ○ I want this pair of shoes.
- ○ I want a pencil.

Day 11

○ How sad!
○ That's too bad.
○ He's angry.
○ What a surprise!
○ I want to pick apples.
○ I want to plant flowers.

Day 12

○ Are you all right?
○ What's wrong?
○ Don't worry.
○ Come on!
○ Do you have a ruler?
○ Do you have an eraser?

Day 13

○ She's a teacher, isn't she?
○ Yes, she's a teacher.
○ No, he's a writer.
○ Welcome!
○ Do you want to sing a song?
○ Do you want to play soccer?

Day 14

○ What do you think?
○ I don't think so.
○ That isn't true.
○ That's not right.
○ Would you like to go shopping?
○ Would you like to go hiking?

Day 15

○ What do you like?
○ I like ice cream.
○ Where do you live?
○ In Seoul.
○ I like to play soccer.
○ I like taekwondo.

Day 16

○ When is your birthday?
○ August 15th.
○ How much is it?
○ It's two thousand won.
○ I don't like lemons.
○ I don't like tomatos.

Day 17

- ○ Who is that girl?
- ○ She's my friend.
- ○ I'm taller than her.
- ○ I met her yesterday.
- ○ Do you like cats?
- ○ Do you like me?

Day 18

- ○ Whose notebook is this?
- ○ It's Nancy's.
- ○ It's on the right.
- ○ I'm ten years old.
- ○ Let's go home.
- ○ Now, let's go!

Day 19

- ○ Can I help you?
- ○ Please, open the door.
- ○ Sorry, but I'm busy.
- ○ Sure, I can.
- ○ How about this?
- ○ How about you?

Day 20

- ○ Be careful.
- ○ Watch out!
- ○ Help yourself.
- ○ Please go ahead.
- ○ Don't eat too much.
- ○ Don't touch here!

초등 필수
영어회화
쓰기

Day 1

일단 듣기

MP3 DAY 01

회화 연습

MP3 DAY 01

Date 월 일

먼저 들어 보세요!

쓰면서 외워 보세요!

듣고 말해 보세요!

MP3 DAY 01

먼저 들어 보세요! → 쓰면서 외워 보세요! → 듣고 말해 보세요!

✔ 2 3 1 2 3 1 2 3

Hello!

안녕! / 안녕하세요!

Hello!

Hello!

hello

안녕

hello

먼저 들어 보세요! → 쓰면서 외워 보세요! → 듣고 말해 보세요!

1 2 3　1 2 3　1 2 3

Hi, Mr. White.

안녕하세요, 화이트 씨.

Hi, Mr. White.

Hi, Mr. White.

hi
안녕

hi

Mr.
~ 씨(남자 호칭)

Mr.

먼저 들어 보세요! → 쓰면서 외워 보세요! → 듣고 말해 보세요!

✔ 2 3 1 2 3 1 2 3

Good morning.

좋은 아침이에요.

Good morning.

Good morning.

good
좋은

good

morning
아침

morning

먼저 들어 보세요! → 쓰면서 외워 보세요! → 듣고 말해 보세요!

1 2 3　1 2 3　1 2 3

I'm Lee Minho.

저는 이민호예요.

I'm Lee Minho.

I'm Lee Minho.

I
나

I

Minho
민호

Minho

It's ______

~해요

좋아요.

It's good.

It's good.

별거 아니에요.

It's nothing.

It's nothing.

Day 2

일단 듣기
MP3 DAY 02

회화 연습
MP3 DAY 02

Date 월 일

먼저 들어 보세요!

쓰면서 외워 보세요!

듣고 말해 보세요!

MP3 DAY 02

먼저 들어 보세요! → 쓰면서 외워 보세요! → 듣고 말해 보세요!

1 2 3 1 2 3 1 2 3

Suji, this is Jimin.

수지야, 이쪽은 지민이야.

Suji, this is Jimin.

Suji, this is Jimin.

Suji
수지(이름)

Suji

this
이것, 이쪽

this

Jimin
지민(이름)

Jimin

먼저 들어 보세요! → 쓰면서 외워 보세요! → 듣고 말해 보세요!

1 2 3 1 2 3 1 2 3

My name is Han Jimin.

내 이름은 한지민입니다.

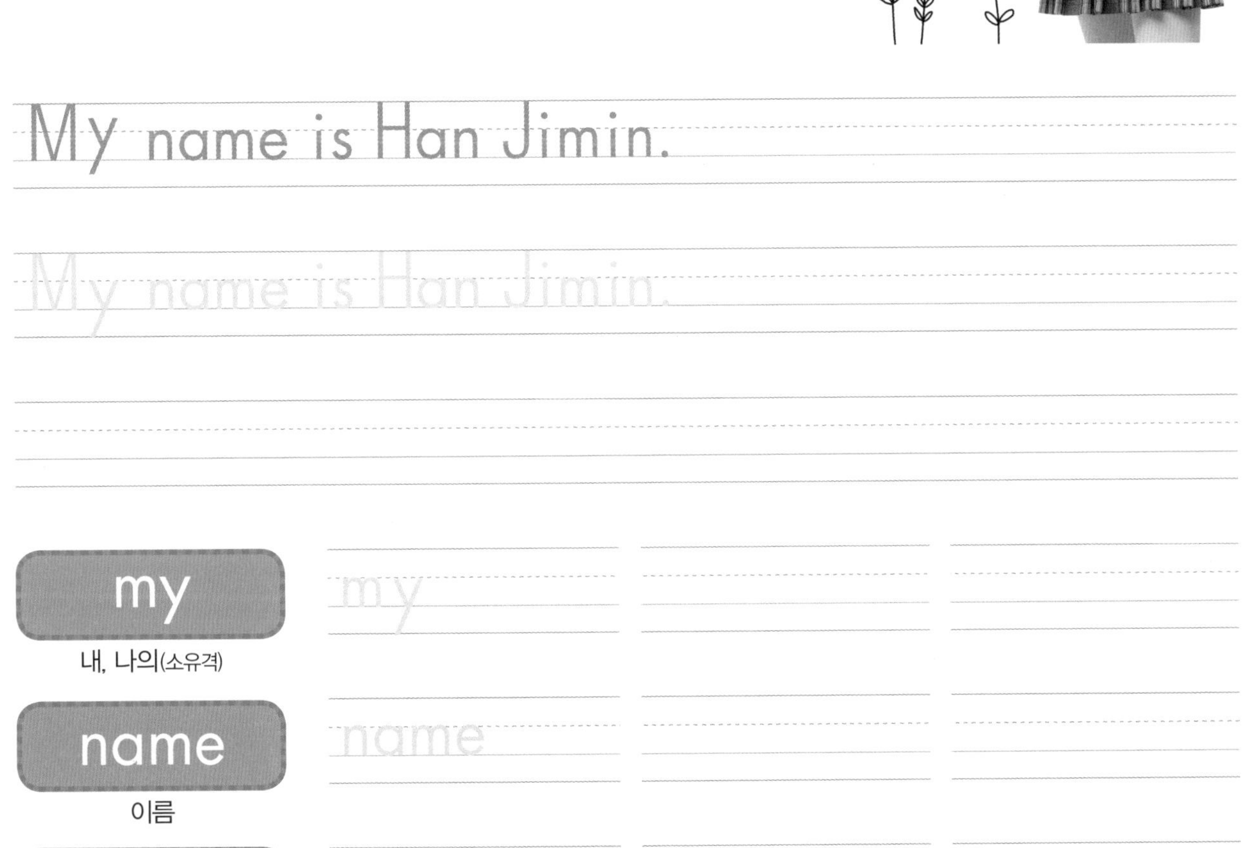

먼저 들어 보세요! → 쓰면서 외워 보세요! → 듣고 말해 보세요!

1 2 3 1 2 3 1 2 3

It's nice to meet you.

만나서 반갑습니다.

It's nice to meet you.

It's nice to meet you.

nice
멋진

nice

meet
만나다

meet

you
너, 당신

you

먼저 들어 보세요! → 쓰면서 외워 보세요! → 듣고 말해 보세요!

1 2 3 1 2 3 1 2 3

My sister is a nurse.

우리 누나는 간호사예요.

My sister is a nurse.

My sister is a nurse.

my
내, 나의(소유격)

my

sister
누나, 언니

sister

nurse
간호사

nurse

Is this your ?

이거 네 ~야?

이거 네 장난감이야?

Is this your toy?

Is this your toy?

이거 네 신발이야?

Is this your shoe?

Is this your shoe?

일단 듣기

MP3 DAY 03

회화 연습

MP3 DAY 03

Date 월 일

먼저 들어 보세요! 쓰면서 외워 보세요! 듣고 말해 보세요!

MP3 DAY 03

먼저 들어 보세요! → 쓰면서 외워 보세요! → 듣고 말해 보세요!

1 2 3 1 2 3 1 2 3

How are you today?

오늘 어때요?

How are you today?

How are you today?

how
어떻게

how

are
~이다

are

today
오늘

today

먼저 들어 보세요! → 쓰면서 외워 보세요! → 듣고 말해 보세요!

1 2 3 1 2 3 1 2 3

I'm fine, thank you.

좋아요, 고마워요.

I'm fine, thank you.

I'm fine, thank you.

I'm
나는(=I am)

I'm

fine
좋은

fine

thank
감사하다

thank

먼저 들어 보세요! → 쓰면서 외워 보세요! → 듣고 말해 보세요!

✓ 2 3 1 2 3 1 2 3

How's it going?

잘 지내요?

How's it going?

How's it going?

how
어떻게

how

it
그것

it

go
가다, (일이) 되어 가다

go

먼저 들어 보세요! → 쓰면서 외워 보세요! → 듣고 말해 보세요!

1 2 3 1 2 3 1 2 3

Not bad, thanks.

잘 지내요, 고맙습니다.

Not bad, thanks.

Not bad, thanks.

not ~ 아니다 — not

bad 나쁘다 — bad

thanks 고맙습니다(= Thank you) — thanks

I will [   ]

나 ~할 거야 / ~할 예정이야

나 중국어 배울 거야.

I will learn Chinese.

I will learn Chinese.

나 그 클럽에 가입할 거야.

I will join the club.

I will join the club.

일단 듣기
MP3 DAY 04

회화 연습
MP3 DAY 04

Date 월 일

먼저 들어 보세요!

쓰면서 외워 보세요!

듣고 말해 보세요!

How's this?

이거 어때요?

How's this?

How's this?

how
어떻게

how

this
이것

this

Very good!

아주 좋아요!

Very good!

Very good!

very
아주

very

good
좋은

good

먼저 들어 보세요! → 쓰면서 외워 보세요! → 듣고 말해 보세요!

✔ 2 3 1 2 3 1 2 3

That's fine.
괜찮아요. / 좋아요.

That's fine.

That's fine.

that
저것

that

that's
저것은(=that is)

that's

fine
괜찮은, 좋은

fine

먼저 들어 보세요! → 쓰면서 외워 보세요! → 듣고 말해 보세요!

1 2 3 1 2 3 1 2 3

It's not good.

그건 안 좋은데요.

It's not good.

It's not good.

it
그것

it

not
~ 아니다

not

good
좋은

good

Do you ______ ?

너 ~해?

너 사과 좋아해?

Do you like apples?

Do you like apples?

너 피자 먹을래?

Do you want pizza?

Do you want pizza?

Day 5

일단 듣기

MP3 DAY 05

회화 연습

MP3 DAY 05

Date 월 일

먼저 들어 보세요!

쓰면서 외워 보세요!

듣고 말해 보세요!

MP3 DAY 05

먼저 들어 보세요! → 쓰면서 외워 보세요! → 듣고 말해 보세요!

✓ 2 3 1 2 3 1 2 3

Okay!

좋아요!

Okay!

Okay!

okay

좋은, 괜찮은

okay

O.K.

=okay

O.K.

먼저 들어 보세요! → 쓰면서 외워 보세요! → 듣고 말해 보세요!

1 2 3 1 2 3

That's great!

대단해요!

That's great!

That's great!

that
저것

that

great
대단한

great

먼저 들어 보세요! → 쓰면서 외워 보세요! → 듣고 말해 보세요!

1 2 3 1 2 3 1 2 3

Excellent!

멋지다!

Excellent!

Excellent!

excellent

멋진, 훌륭한

excellent

먼저 들어 보세요! → 쓰면서 외워 보세요! → 듣고 말해 보세요!

1 2 3　1 2 3　1 2 3

Well done!

잘했어! / 훌륭해!

Well done!

Well done!

well
잘

well

done
했다

done

Do you know ______ ?

~ 알고 있어요?

그 사람 알아요?

Do you know him?

Do you know him?

이 음식점 알아요?

Do you know this restaurant?

Do you know this restaurant?

Day 6

일단 듣기

MP3 DAY 06

회화 연습

MP3 DAY 06

Date 월 일

먼저 들어 보세요!

쓰면서 외워 보세요!

듣고 말해 보세요!

MP3 DAY 06

먼저 들어 보세요! → 쓰면서 외워 보세요! → 듣고 말해 보세요!

1 2 3 1 2 3 1 2 3

Sure.

물론이죠. / 좋아요.

Sure.

Sure.

sure

물론, 당연한

sure

먼저 들어 보세요! → 쓰면서 외워 보세요! → 듣고 말해 보세요!

1 2 3 1 2 3 1 2 3

Of course.

물론이죠. / 좋아요.

Of course.

Of course.

of

(전치사)

of

course

물론

course

먼저 들어 보세요! → 쓰면서 외워 보세요! → 듣고 말해 보세요!

1 2 3 1 2 3 1 2 3

All right.

좋아요. / 괜찮아요.

All right.

All right.

all

모든, 모두

all

right

옳은, 좋은

right

먼저 들어 보세요! → 쓰면서 외워 보세요! → 듣고 말해 보세요!

✓ 2 3 1 2 3 1 2 3

No problem.

문제 없어요. / 괜찮아요.

No problem.

No problem.

no
아니오

no

problem
문제

problem

Can I ______ ?

~해도 돼요?

좀 더 먹어도 돼요?

Can I have some more?

Can I have some more?

들어가도 돼요?

Can I come in?

Can I come in?

Day 7

일단 듣기

MP3 DAY 07

회화 연습

MP3 DAY 07

Date 월 일

먼저 들어 보세요!

쓰면서 외워 보세요!

듣고 말해 보세요!

MP3 DAY 07

먼저 들어 보세요! → 쓰면서 외워 보세요! → 듣고 말해 보세요!

✔ 2 3   1 2 3   1 2 3

That sounds good.

그거 좋겠군요.

That sounds good.

That sounds good.

sound
들리다, 소리

sound

good
좋은

good

먼저 들어 보세요! → 쓰면서 외워 보세요! → 듣고 말해 보세요!

1 2 3 1 2 3 1 2 3

No, thank you.

고맙지만 괜찮아요.

No, thank you.

No, thank you.

no
아니요

no

thank
감사하다

thank

먼저 들어 보세요! → 쓰면서 외워 보세요! → 듣고 말해 보세요!

Me, too.

저도요.

Me, too.

Me, too.

me
나를(목적격)

me

too
~도 또한

too

먼저 들어 보세요! → 쓰면서 외워 보세요! → 듣고 말해 보세요!

✓ 2 3 1 2 3 1 2 3

Same here.

저도 마찬가지예요.

Same here.

Same here.

same

같은, 마찬가지의

same

here

여기

here

May I ____ ?

~해도 돼요?

이 쿠키 먹어도 돼요?

May I eat this cookie?

May I eat this cookie?

사진 찍어도 돼요?

May I take a picture?

May I take a picture?

Day 8

일단 듣기
MP3 Day 08

회화 연습
MP3 DAY 08

Date 월 일

먼저 들어 보세요!

쓰면서 외워 보세요!

듣고 말해 보세요!

MP3 DAY 08

먼저 들어 보세요! → 쓰면서 외워 보세요! → 듣고 말해 보세요!

✓ 2 3 1 2 3 1 2 3

Oh, look!

이것 봐!

Oh, look!

Oh, look!

oh

오(감탄사)

oh

look

보다

look

먼저 들어 보세요! → 쓰면서 외워 보세요! → 듣고 말해 보세요!

1 2 3 1 2 3 1 2 3

I'm sure.
틀림없어요. / 확실해요.

I'm sure.

I'm sure.

I'm
나는(=I am)

I'm

sure
확실한

sure

먼저 들어 보세요! → 쓰면서 외워 보세요! → 듣고 말해 보세요!

✔ 2 3 1 2 3 1 2 3

I don't know.

모르겠어요.

I don't know.

I don't know.

do
하다

do

don't
~하지 않다(=do not)

don't

know
알다

know

먼저 들어 보세요! → 쓰면서 외워 보세요! → 듣고 말해 보세요!

1 2 3　1 2 3　1 2 3

I have no idea.

모르겠어요.

I have no idea.

I have no idea.

have
가지고 있다

have

no
~이 아닌, ~이 없는

no

idea
생각, 아이디어

idea

Can you ____?
~할 수 있어요?

춤출 수 있어요?

Can you dance?

Can you dance?

내 파티에 올 수 있어요?

Can you come to my party?

Can you come to my party?

일단 듣기
MP3 DAY 09

회화 연습
MP3 DAY 09

Date 월 일

먼저 들어 보세요!

쓰면서 외워 보세요!

듣고 말해 보세요!

MP3 DAY 09

먼저 들어 보세요! → 쓰면서 외워 보세요! → 듣고 말해 보세요!

1 2 3 1 2 3 1 2 3

I'm so sorry about that.

그것에 대해선 정말 미안해요.

I'm so sorry about that.

I'm so sorry about that.

so
매우, 너무

so

sorry
미안한

sorry

about
~에 대해

about

먼저 들어 보세요! → 쓰면서 외워 보세요! → 듣고 말해 보세요!

1 2 3

Not at all.

전혀요. / 별말씀을요.

Not at all.

Not at all.

not

~ 아니다

not

all

모두

all

at all

전혀

at all

먼저 들어 보세요! → 쓰면서 외워 보세요! → 듣고 말해 보세요!

✓ 2 3 1 2 3 1 2 3

Forget it.

잊어버려요.

Forget it.

Forget it.

forget
잊어버리다

forget

it
그것

it

먼저 들어 보세요! → 쓰면서 외워 보세요! → 듣고 말해 보세요!

✓ 2 3 1 2 3 1 2 3

It doesn't matter.

상관없어요.

It doesn't matter.

It doesn't matter.

doesn't
~하지 않다

doesn't

matter
문제

matter

I can't ______
~할 수 없어 / 난 ~ 못 해

기다릴 수 없어.
I can't wait.

I can't wait.

난 스케이트 못 타.
I can't skate.

I can't skate.

Day 10

일단 듣기
MP3 DAY 10

회화 연습
MP3 DAY 10

Date 월 일

먼저 들어 보세요!

쓰면서 외워 보세요!

듣고 말해 보세요!

MP3 DAY 10

먼저 들어 보세요! → 쓰면서 외워 보세요! → 듣고 말해 보세요!

✓ 2 3 1 2 3 1 2 3

Are you happy?

행복해요?

Are you happy?

Are you happy?

are
~이다

are

happy
행복한

happy

먼저 들어 보세요! → 쓰면서 외워 보세요! → 듣고 말해 보세요!

✓ 2 3 1 2 3 1 2 3

I'm so glad.

매우 기뻐요.

I'm so glad.

I'm so glad.

so

매우, 너무

so

glad

기쁜

glad

먼저 들어 보세요! → 쓰면서 외워 보세요! → 듣고 말해 보세요!

1 2 3   1 2 3   1 2 3

I'm very sad.

아주 슬퍼요.

I'm very sad.

I'm very sad.

very
매우

very

sad
슬픈

sad

먼저 들어 보세요! → 쓰면서 외워 보세요! → 듣고 말해 보세요!

✓ 2 3 1 2 3 1 2 3

I feel unhappy.

기분이 안 좋아요.

I feel unhappy.

I feel unhappy.

feel
느끼다

feel

unhappy
불행한, 슬픈

unhappy

I want ___

~갖고 싶어요

이 신발 갖고 싶어요.

I want this pair of shoes.

I want this pair of shoes.

연필 갖고 싶어요.

I want a pencil.

I want a pencil.

Day 11

일단 듣기

MP3 DAY 11

회화 연습

MP3 DAY 11

Date 월 일

먼저 들어 보세요!

쓰면서 외워 보세요!

듣고 말해 보세요!

MP3 DAY 11

먼저 들어 보세요! → 쓰면서 외워 보세요! → 듣고 말해 보세요!

✓ 2 3 1 2 3 1 2 3

How sad!

슬프구나!

How sad!

How sad!

how
어떻게, 정말(감탄문에서)

how

sad
슬픈

sad

먼저 들어 보세요! → 쓰면서 외워 보세요! → 듣고 말해 보세요!

1 2 3 1 2 3 1 2 3

That's too bad.

그것 참 안됐다.

That's too bad.

That's too bad.

too
너무

too

bad
안된, 나쁜

bad

먼저 들어 보세요! → 쓰면서 외워 보세요! → 듣고 말해 보세요!

1 2 3 1 2 3 1 2 3

He's angry.

그는 화났어요.

He's angry.

He's angry.

he
그, 그 사람

he

he's
그는(=he is)

he's

angry
화난

angry

먼저 들어 보세요! → 쓰면서 외워 보세요! → 듣고 말해 보세요!

✓ 2 3 1 2 3 1 2 3

What a surprise!

놀랍구나!

What a surprise!

What a surprise!

what
무엇, 정말(감탄문에서)

what

a/an
(관사)

a/an

surprise
놀라운

surprise

I want to

~하고 싶어요

사과를 따고 싶어요.

I want to pick apples.

I want to pick apples.

꽃을 심고 싶어요.

I want to plant flowers.

I want to plant flowers.

Day 12

일단 듣기
MP3 DAY 12

회화 연습
MP3 DAY12

Date 월 일

먼저 들어 보세요!

쓰면서 외워 보세요!

듣고 말해 보세요!

MP3 DAY 12

먼저 들어 보세요! → 쓰면서 외워 보세요! → 듣고 말해 보세요!

✓ 2 3 1 2 3 1 2 3

Are you all right?

괜찮아요?

Are you all right?

Are you all right?

all right
괜찮은

all right

right
올바른

right

먼저 들어 보세요! → 쓰면서 외워 보세요! → 듣고 말해 보세요!

✓ 2 3   1 2 3   1 2 3

What's wrong?

뭐가 문제야?

What's wrong?

What's wrong?

what
무엇

what

wrong
잘못된

wrong

먼저 들어 보세요! → 쓰면서 외워 보세요! → 듣고 말해 보세요!

1 2 3 1 2 3 1 2 3

Don't worry.

걱정하지 마세요.

Don't worry.

Don't worry.

Don't
~하지 마세요

Don't

worry
걱정하는

worry

Come on!

힘 내요!

Come on!

Come on!

come
오다

come

on
(전치사)

on

Do you have ________ ?

~ 갖고 있어요?

자 갖고 있어요?

Do you have a ruler?

Do you have a ruler?

지우개 갖고 있어요?

Do you have an eraser?

Do you have an eraser?

Day 13

일단 듣기

MP3 DAY 13

회화 연습

MP3 DAY 13

Date 월 일

먼저 들어 보세요!

쓰면서 외워 보세요!

듣고 말해 보세요!

MP3 DAY 13

먼저 들어 보세요! → 쓰면서 외워 보세요! → 듣고 말해 보세요!

✔ 2 3 1 2 3 1 2 3

She's a teacher, isn't she?

그녀는 선생님이잖아요. 안 그래요?

She's a teacher, isn't she?

She's a teacher, isn't she?

teacher
선생님

teacher

isn't
= is not

isn't

먼저 들어 보세요! → 쓰면서 외워 보세요! → 듣고 말해 보세요!

1 2 3 1 2 3 1 2 3

Yes, she's a teacher.

네, 그녀는 선생님이에요.

Yes, she's a teacher.

Yes, she's a teacher.

yes

그래, 맞아

yes

teacher

선생님

teacher

No, he's a writer.

아니요, 그는 작가예요.

No, he's a writer.

No, he's a writer.

no
아니오

no

writer
작가

writer

먼저 들어 보세요! → 쓰면서 외워 보세요! → 듣고 말해 보세요!

1 2 3 1 2 3 1 2 3

Welcome!

어서 오세요!

Welcome!

Welcome!

welcome
환영하다

welcome

Do you want to ______?

~하고 싶어요?

노래 부르고 싶어요?

Do you want to sing a song?

Do you want to sing a song?

축구 하고 싶어요?

Do you want to play soccer?

Do you want to play soccer?

Day 14

일단 듣기
MP3 DAY 14

회화 연습
MP3 DAY 14

Date 월 일

먼저 들어 보세요!

쓰면서 외워 보세요!

듣고 말해 보세요!

MP3 DAY 14

먼저 들어 보세요! → 쓰면서 외워 보세요! → 듣고 말해 보세요!

1 2 3 1 2 3 1 2 3

What do you think?

어떻게 생각해요?

What do you think?

What do you think?

what
무엇

what

think
생각하다

think

먼저 들어 보세요! → 쓰면서 외워 보세요! → 듣고 말해 보세요!

✓ 2 3 1 2 3 1 2 3

I don't think so.

전 그렇게 생각 안 해요.

I don't think so.

I don't think so.

don't
~하지 않다

don't

so
그렇게

so

먼저 들어 보세요! → 쓰면서 외워 보세요! → 듣고 말해 보세요!

✓ 2 3 1 2 3 1 2 3

That isn't true.

그건 사실이 아니에요.

That isn't true.

That isn't true.

isn't
~이 아니다(=is not)

isn't

true
사실인, 맞는

true

먼저 들어 보세요! → 쓰면서 외워 보세요! → 듣고 말해 보세요!

1 2 3 1 2 3 1 2 3

That's not right.

그건 옳지 않아요.

That's not right.

That's not right.

not

~ 아니다

not

right

옳은

right

Would you like to ______ ?

~할래요? / ~하고 싶어요?

쇼핑하러 갈래요?

Would you like to go shopping?

Would you like to go shopping?

하이킹 갈래요?

Would you like to go hiking?

Would you like to go hiking?

Day 15

일단 듣기
MP3 DAY 15

회화 연습
MP3 DAY 15

Date ______ 월 ______ 일

먼저 들어 보세요!

쓰면서 외워 보세요!

듣고 말해 보세요!

MP3 DAY 15

먼저 들어 보세요! → 쓰면서 외워 보세요! → 듣고 말해 보세요!

1 2 3 1 2 3 1 2 3

What do you like?

넌 뭘 좋아해?

What do you like?

What do you like?

what 무엇

what

like 좋아하다

like

먼저 들어 보세요! → 쓰면서 외워 보세요! → 듣고 말해 보세요!

1 2 3 1 2 3 1 2 3

I like ice cream.

난 아이스크림을 좋아해.

I like ice cream.

I like ice cream.

ice cream
아이스크림

ice cream

ice
얼음

ice

먼저 들어 보세요! → 쓰면서 외워 보세요! → 듣고 말해 보세요!

1 2 3　1 2 3　1 2 3

Where do you live?

어디에 살아?

Where do you live?

Where do you live?

where
어디에

where

live
살다

live

먼저 들어 보세요! → 쓰면서 외워 보세요! → 듣고 말해 보세요!

✓ 2 3　1 2 3　1 2 3

In Seoul.

서울에.

In Seoul.

In Seoul.

in
(전치사)

in

Seoul
서울

Seoul

I like (to)

나 ~ 좋아해

나 축구 좋아해.

I like to play soccer.

I like to play soccer.

나 태권도 좋아해.

I like taekwondo.

I like taekwondo.

Day 16

일단 듣기
MP3 DAY 16

회화 연습
MP3 DAY 16

Date 월 일

먼저 들어 보세요!

쓰면서 외워 보세요!

듣고 말해 보세요!

MP3 DAY 16

먼저 들어 보세요! → 쓰면서 외워 보세요! → 듣고 말해 보세요!

1 2 3 1 2 3 1 2 3

When is your birthday?

생일이 언제야?

When is your birthday?

When is your birthday?

when
언제

when

your
너의(소유격)

your

birthday
생일

birthday

먼저 들어 보세요! → 쓰면서 외워 보세요! → 듣고 말해 보세요!

✔ 2 3 1 2 3 1 2 3

August 15th.

8월 15일이야.

August 15th.

August 15th.

August

8월

August

15th

15일(fifteenth)

15th

먼저 들어 보세요! → 쓰면서 외워 보세요! → 듣고 말해 보세요!

✔ 2 3　1 2 3　1 2 3

How much is it?

얼마예요?

How much is it?

How much is it?

how
어떻게, 얼마나

how

much
많은, 많이

much

먼저 들어 보세요! → 쓰면서 외워 보세요! → 듣고 말해 보세요!

1 2 3 1 2 3 1 2 3

It's two thousand won.

2,000원입니다.

It's two thousand won.

It's two thousand won.

two
둘(2)
two

thousand
천(1,000)
thousand

won
원(화폐 단위)
won

I don't like ______

~ 안 좋아해요

레몬 안 좋아해요.

I don't like lemons.

I don't like lemons.

토마토 안 좋아해요.

I don't like tomatos.

I don't like tomatos.

Day

일단 듣기

MP3 DAY 17

회화 연습

MP3 DAY 17

Date 월 일

먼저 들어 보세요!

쓰면서 외워 보세요!

듣고 말해 보세요!

MP3 DAY 17

먼저 들어 보세요! → 쓰면서 외워 보세요! → 듣고 말해 보세요!

1 2 3 1 2 3 1 2 3

Who is that girl?

저 소녀는 누구야?

Who is that girl?

Who is that girl?

who
누구

who

girl
소녀

girl

먼저 들어 보세요! → 쓰면서 외워 보세요! → 듣고 말해 보세요!

1 2 3 1 2 3 1 2 3

She's my friend.

그녀는 내 친구야.

She's my friend.

She's my friend.

my

내, 나의(소유격)

my

friend

친구

friend

먼저 들어 보세요! → 쓰면서 외워 보세요! → 듣고 말해 보세요!

✔ 2 3 1 2 3 1 2 3

I'm taller than her.

난 그녀보다 키가 커.

I'm taller than her.

I'm taller than her.

taller
키가 더 큰

taller

than
~보다

than

her
그녀를(목적격)

her

먼저 들어 보세요! → 쓰면서 외워 보세요! → 듣고 말해 보세요!

✓ 2 3 1 2 3 1 2 3

I met her yesterday.

나 어제 그녀를 만났어.

I met her yesterday.

I met her yesterday.

meet
만나다

meet

met
만났다(과거)

met

yesterday
어제

yesterday

Do you like ______ ?

~ 좋아해요?

고양이 좋아해요?

Do you like cats?

Do you like cats?

나 좋아해요?

Do you like me?

Do you like me?

Day 18

일단 듣기

MP3 DAY 18

회화 연습

MP3 DAY 18

Date 월 일

먼저 들어 보세요!

쓰면서 외워 보세요!

듣고 말해 보세요!

MP3 DAY 18

먼저 들어 보세요! → 쓰면서 외워 보세요! → 듣고 말해 보세요!

✓ 2 3 1 2 3 1 2 3

Whose notebook is this?

이거 누구 공책이야?

Whose notebook is this?

Whose notebook is this?

whose whose

누구의(who의 소유격)

notebook notebook

공책

먼저 들어 보세요! → 쓰면서 외워 보세요! → 듣고 말해 보세요!

It's Nancy's.

낸시 꺼야.

It's Nancy's.

It's Nancy's.

Nancy's
낸시의 것

Nancy's

(자기이름)'s
~의 것
(자기 이름을 넣어 말해 보세요)

's

먼저 들어 보세요! → 쓰면서 외워 보세요! → 듣고 말해 보세요!

✔ 2 3 1 2 3 1 2 3

It's on the right.

오른쪽에 있어.

It's on the right.

It's on the right.

on
(전치사)

on

the
(정관사)

the

right
오른쪽

right

먼저 들어 보세요! → 쓰면서 외워 보세요! → 듣고 말해 보세요!

1 2 3 1 2 3 1 2 3

I'm ten years old.

나는 10살이야.

I'm 10 years old.

I'm 10 years old.

ten
열(10)

ten

year
나이

year

old
나이 든, 오래된

old

Let's

~하자

집에 가자.

Let's go home.

Let's go home.

이제 가자!

Now, let's go!

Now, let's go!

Day 19

일단 듣기
MP3 DAY 19

회화 연습
MP3 DAY 19

Date 월 일

먼저 들어 보세요!

쓰면서 외워 보세요!

듣고 말해 보세요!

MP3 DAY 19

먼저 들어 보세요! → 쓰면서 외워 보세요! → 듣고 말해 보세요!

1 2 3 1 2 3 1 2 3

Can I help you?

도와드릴까요?

Can I help you?

Can I help you?

can
~할 수 있다

can

Can I ~?
~해도 돼요?

Can I ~?

help
돕다

help

먼저 들어 보세요! → 쓰면서 외워 보세요! → 듣고 말해 보세요!

✓ 2 3 1 2 3 1 2 3

Please open the door.

문 좀 열어 주세요.

Please open the door.

Please open the door.

please
제발, 부디

please

open
열다

open

door
문

door

먼저 들어 보세요! → 쓰면서 외워 보세요! → 듣고 말해 보세요!

1 2 3 1 2 3 1 2 3

Sorry, but I'm busy.

미안, 나 바빠.

Sorry, but I'm busy.

Sorry, but I'm busy.

sorry 미안한 — sorry

but 그러나, 하지만 — but

busy 바쁜 — busy

먼저 들어 보세요! → 쓰면서 외워 보세요! → 듣고 말해 보세요!

✔ 2 3   1 2 3   1 2 3

Sure, I can.

물론, 가능해.

Sure, I can.

Sure, I can.

sure
물론

sure

can
~할 수 있다

can

How about ?

~은 어때요?

이것은 어때요?

How about this?

How about this?

넌 어때?

How about you?

How about you?

Day 20

일단 듣기
MP3 DAY 20

회화 연습
MP3 DAY 20

Date 월 일

먼저 들어 보세요!

쓰면서 외워 보세요!

듣고 말해 보세요!

MP3 DAY 20

먼저 들어 보세요! → 쓰면서 외워 보세요! → 듣고 말해 보세요!

✓ 2 3 1 2 3 1 2 3

Be careful.

조심해.

Be careful.

Be careful.

be

~이다

be

careful

조심하는

careful

먼저 들어 보세요! → 쓰면서 외워 보세요! → 듣고 말해 보세요!

Watch out!

조심해!

Watch out!

Watch out!

watch
보다

watch

out
(전치사)

out

먼저 들어 보세요! → 쓰면서 외워 보세요! → 듣고 말해 보세요!

✓ 2 3 1 2 3 1 2 3

Help yourself.

맛있게 드세요.

Help yourself.

Help yourself.

help
돕다

help

yourself
너 자신, 너 스스로

yourself

Please go ahead.

어서 드세요.

Please go ahead.

Please go ahead.

please
제발

please

go
가다

go

ahead
어서

ahead

Don't

~하지 마

너무 많이 먹지 마.

Don't eat too much.

Don't eat too much.

여기 건드리지 마!

Don't touch here!

Don't touch here!

부모님을 위한 페이지입니다.
아이가 어려워하는 표현은 다음을 참고하여 설명해 주세요.

Day	표현	설명
Day 1	Hello!	만났을 때 하는 가장 간단한 인사말이에요. 우리말의 "안녕", "안녕하세요"에 해당하죠. Hi.라고 해도 같은 뜻이에요.
	Hi, Mr. White.	우리가 이름을 부를 때 '~씨'라고 하는 것처럼 영어에서도 이름 앞에 Mr.와 같은 말을 붙입니다. Mr.는 남자 이름 앞에 붙이는 말이고, 결혼한 여성의 이름 앞에는 Mrs.를, 결혼하지 않은 여성의 이름 앞에는 Miss를 붙여요. Ms.는 여성의 결혼 여부에 상관없이 쓸 수 있어요.
	Good morning.	영어에서는 아침, 점심, 저녁에 따라 인사말이 달라요. Good morning.은 아침에 쓸 수 있는 인사말이에요. 점심때는 Good afternoon.이라고 하고, 저녁때는 Good evening.이라고 해요.
	I'm Lee Minho.	I'm은 I am의 축약형이에요. '나는 ~입니다'라고 자기소개를 할 때 I'm 다음에 자기 이름을 말하면 돼요. My name is… (내 이름은 ~야)라고 말할 수도 있어요.
Day 2	Suji, this is Jimin.	친구끼리 소개해 줄 때 쓰는 표현입니다. '이쪽은 ~야'라고 할 때는 This is 뒤에 소개할 사람의 이름을 쓰면 돼요.
	My name is Han Jimin.	My name is 다음에 이름을 쓰면 돼요.
	It's nice to meet you.	처음 만났을 때 자기소개를 한 다음 '만나서 반가워'라고 말해야겠죠? 앞부분의 It's를 빼고 Nice to meet you.라고 해도 같은 뜻이에요. nice 대신에 good을 쓸 수도 있어요.
	My sister is a nurse.	sister는 여자 형제를 뜻하는 단어예요. '언니'나 '누나' 또는 '여동생'을 가리킬 때도 다 sister라고 해요. 남자 형제는 brother라고 해요. 마찬가지로 '형'이나 '오빠', 그리고 '남동생'을 가리킬 때 써요.
Day 3	How are you today?	상대방의 안부를 물어볼 때 하는 말이에요. today를 빼고 How are you?라고 말할 수도 있어요.
	I'm fine, thank you.	상대방이 안부를 물을 때 대답할 수 있는 말이에요. I'm fine. 대신에 I'm very well. 또는 I'm okay.라고 해도 같은 뜻이에요. 뒤에 붙은 thank you 대신에 thanks를 쓸 수도 있어요.
	How's it going?	안부를 물어보는 표현 하나 더 알아볼까요? How's it going?은 잘 지내냐고 물어보는 말이에요. 여기서 How's는 How is의 축약형이죠.
	Not bad, thanks.	Not bad.는 '나쁘지 않다', 즉 '잘 지낸다'는 뜻이에요. I'm fine.이나 I'm very well. 정도는 아니지만 그럭저럭 잘 지내는 것을 의미해요.
Day 4	How's this?	How's는 How is의 축약형입니다. 의문사 how는 '어떻게'라는 뜻이에요. How's this? 하면 "이거 어때요?"라고 의견은 물어보는 말이 돼요.
	Very good!	Very good!은 "아주 좋아."라는 뜻이에요. Very를 빼고 Good!이라고만 해도 좋다는 것을 표현할 수 있어요. 동의할 때나 만족스러울 때 하는 말이에요.

	That's fine.	"좋아요", "괜찮아요"라는 뜻입니다. That's는 That is의 축약형이에요. fine 대신에 excellent를 쓸 수도 있어요.
	It's not good.	not이 들어가면 '~하지 않다'라는 뜻이 됩니다. It's not good.은 좋지 않다는 뜻이에요. 제안을 거부할 때 할 수 있는 말이죠.
Day 5	Okay!	Okay!는 "좋아요!"라는 뜻이에요. Okay! 대신 Good!이나 Fine! 또는 Great!라고 해도 같은 뜻이에요. 상대방이 도움을 요청하거나 뭔가를 부탁했을 때 Okay!라고 하면 흔쾌히 들어주겠다는 의미가 돼요.
	That's great!	That's는 That is의 축약형이에요. That's를 생략하고 Great!라고 해도 돼요. 아주 기쁠 때 쓸 수 있는 말이에요.
	Excellent!	excellent는 '훌륭한', '뛰어난'이라는 뜻이에요. Excellent! 한 마디만으로도 "멋지다!", "대단하다!"라는 뜻을 표현할 수 있어요. Good! 또는 Fine!이라고도 해도 비슷한 뜻이 돼요.
	Well done!	칭찬할 때 쓰는 말이에요. "잘했어", "훌륭해" 이런 뜻이죠.
Day 6	Sure.	Sure.라고 한 마디만 말해도 "좋아요"라는 뜻이 됩니다.
	Of course.	of course는 "물론이지", "그렇고 말고"라는 뜻이에요.
	All right.	"괜찮아요"라고 말할 때 쓰는 표현이에요.
	No problem.	No problem.은 "문제 없어요"라는 뜻으로 다른 사람이 나에게 "미안해요"라고 사과했을 때 대답으로 할 수 있는 말이에요.
Day 7	That sounds good.	That sounds good.은 다른 사람이 뭘 하자고 한 경우 "좋은 생각이야"라고 할 때 쓸 수 있어요. That을 빼고 Sounds good.이라고 해도 돼요.
	No, thank you.	No, thank you.는 상대방의 제안을 예의 바르게 거절할 때 써요. "고맙지만 거절할게요"라는 뜻이죠. No, thanks.라고 해도 같은 뜻이에요.
	Me, too.	"나도"라는 뜻이에요. too에는 '너무'라는 뜻과 '~도 또한'이라는 두 가지 뜻이 있어요. 여기에서는 '~도 또한'이라는 뜻으로 썼어요.
	Same here.	Same here.는 Me, too.와 비슷한 의미의 표현이에요. 내 생각이 다른 사람의 생각과 같을 때 쓰면 돼요.
Day 8	Oh, look.	Oh는 감탄사예요. Oh를 빼고 Look!이라고만 말해도 돼요. Look!대신 Listen!이라고 해도 같은 의미가 돼요.
	I'm sure.	확신을 나타내는 표현이에요. "틀림없어요", "확실해요"라는 뜻이에요.
	I don't know.	확신이 없을 때, 잘 모르겠다고 할 때 쓰는 말이에요. don't는 do not의 축약형이에요.
	I have no idea.	이 표현도 잘 모르겠다고 대답할 때 쓸 수 있어요. I don't have idea.라고 쓰지 않는다는 것에 유의하세요.

Day 9 I'm so sorry about that.	so는 '아주', '정말로'라는 뜻입니다. I'm sorry about that에 so를 넣어서 의미가 강조되었어요. 사과할 때 Sorry.라고만 해도 되지만 예의 없어 보일 수도 있어요.
Not at all.	다른 사람이 고맙다고 할 때 예의 바르게 대답하는 표현이에요. "천만에요", "별말씀을요"라는 뜻이에요.
Forget it.	다른 사람이 I am sorry.라며 사과할 때 대답할 수 있는 말이에요. 친구가 사과할 때 Forget it.이라고 하면 "신경 쓰지 마", "잊어버려"라는 의미가 돼요.
It doesn't matter.	do 동사는 3인칭 단수 주어 뒤에 올 때엔 does로 형태가 바뀌어요. 여기에 not을 붙여 doesn't가 된 거예요. matter는 여기서 '문제이다'라는 뜻의 동사로 쓰였어요.
Day 10 Are you happy?	Are you...?는 상대방의 상태를 물어보는 말이에요. Are you 뒤에 happy를 넣으면 "행복해요?", sad를 넣으면 "슬퍼요?"라는 뜻이 되죠.
I'm so glad.	상대방이 내 기분을 물어볼 때 대답하는 문장이에요. I'm glad에 so가 들어가서 "매우 행복해"라고 강조하는 문장이 됐어요.
I'm very sad.	very 대신 so를 써도 돼요. very sad와 so sad는 같은 뜻이에요.
I feel unhappy.	'행복하다', '슬프다' 등의 감정을 표현할 때 I'm 대신 I feel을 써도 돼요. unhappy는 happy의 반대말로 '불행한'의 뜻이에요.
Day 11 How sad!	의문사 how에 sad를 붙여서 간단하게 감탄문을 만들 수도 있어요. sad 대신 다른 형용사를 쓸 수 있어요. 예를 들어 How funny!라고 하면 "재밌구나"라는 뜻이에요.
That's too bad.	That's too bad.는 "그것 참 안됐다"라는 뜻이에요. 여기에서 too는 '너무', '지나치게'라는 뜻으로 사용됐습니다.
He's angry.	angry는 '화난'이라는 뜻이에요. He feels angry.라고 해도 같은 뜻이에요.
What a surprise!	what을 사용한 감탄문이에요. 깜짝 놀랐을 때보다는 친척이 말없이 방문했을 때나 선물을 받았을 때 쓰면 좋아요.
Day 12 Are you all right?	앞에서 배운 Are you...? 패턴을 사용한 표현이에요. all right은 "다 괜찮은"이라는 뜻이에요.
What's wrong?	what's는 what is의 축약형이에요. wrong은 '잘못된', '틀린'이라는 뜻이에요. What's wrong 다음에 with you를 붙이기도 해요.
Don't worry.	고민하는 친구를 위로해 줄 때 Don't worry.라고 할 수 있어요.
Come on!	Come on!은 여러 가지 뜻이 있는 표현이에요. "이리 와!"라는 뜻도 되지만 "넌 할 수 있어!", "힘내!"라는 의미로도 자주 쓰여요.
Day 13 She's a teacher, isn't she?	Is she a teacher?보다 확신을 가지고 물어볼 때 이렇게 부가의문문을 쓸 수 있어요.
Yes, she's a teacher.	부가의문문에 대답할 때 간단하게 Yes.라고 할 수도 있지만, 이렇게 대답하면 조금 더 확실한 답변이 돼요.

	No, he's a writer.	No라고 대답한 다음에 틀린 부분을 언급하면 상대방은 어디가 어떻게 틀렸는지 정확하게 알 수 있어요.
	Welcome!	"어서 오세요"는 Welcome! 한 단어만으로 표현할 수 있어요.
Day 14	What do you think?	다른 사람이 어떻게 생각하는지 궁금할 때 묻는 말이에요.
	I don't think so.	내 생각과 다를 때 하는 말이에요. think 대신 believe를 써서 대답할 수도 있어요.
	That isn't true.	상대방의 말이 사실이 아닐 때 쓸 수 있는 표현이에요. true는 '사실의'라는 뜻이에요.
	That's not right.	right는 '옳은'이라는 뜻으로, correct로 바꿔 쓸 수도 있어요.
Day 15	What do you like?	상대방에게 어떤 걸 좋아하는지 물어볼 때 쓰는 말이에요.
	I like ice cream.	I like 뒤에는 사람이 와도 되고 사물이 와도 돼요. 많이 사용하는 표현이니 꼭 기억하세요.
	Where do you live?	어디에 사는지 물어볼 때 이렇게 말해요. where는 '어디'라는 뜻의 의문사예요.
	In Seoul.	원래의 표현은 I live in Seoul.이에요. 어디 사는지 물었을 때 "나 서울에 살아."라고 하지 않고 "서울에."라고만 말해도 뜻이 통하죠? 이와 마찬가지로 영어에서도 I live를 빼고 In Seoul.이라고 대답할 수 있어요.
Day 16	When is your birthday?	의문사 when은 '언제'라는 뜻이에요. 생일이 언제인지 날짜를 물어보는 말이죠.
	August 15th.	원래 표현은 My birthday is August 15th.인데, My birthday is를 빼고 날짜만으로 말해도 돼요. 15th는 fifteenth라고 읽어요.
	How much is it?	얼마인지 가격을 물어보는 말이에요. how much를 쓴다는 것을 기억하세요.
	It's two thousand won.	숫자 2,000은 영어로 two thousand예요. 물건의 가격을 얘기할 때는 It's (가격) won.이라고 하면 돼요.
Day 17	Who is that girl?	누구인지 물어보는 표현이에요.
	She's my friend.	내 친구는 my friend, 네 친구는 your friend예요. she's는 she is의 축약형이에요.
	I'm taller than her.	형용사 뒤에 -er을 붙이면 '더 ~한'이라는 비교급 표현이 돼요. taller(키가 더 큰), bigger(더 큰), faster(더 빠른)와 같이 만들 수 있죠. than은 '~보다'라는 뜻으로, 비교급 뒤에 자주 써요.

I met her yesterday.	어제(yesterday) 그녀를 만났으니 과거형 동사인 met을 썼어요. met의 기본형은 meet이에요. 보통 동사를 과거형으로 바꿀 때 뒤에 ed를 붙이는데, meet - met처럼 모양이 아예 변하는 동사도 있으니 예외를 잘 기억해 두세요.
Day 18 Whose notebook is this?	'이 공책'은 this notebook, '저 공책'은 that notebook이에요. 물건과 말하는 사람 사이의 거리에 따라서 this를 쓸지, that을 쓸지가 결정돼요.
It's Nancy's.	'(누구)의 것'이라는 표현은사람 이름 뒤에 's를 붙이면 돼요.
It's on the right.	'오른쪽'은 right, '왼쪽'은 left를 기억하세요.
I'm 10 years old.	나이를 말할 땐 '(숫자) years old'라고 말해요. year 뒤에 s를 붙여야 해요.
Day 19 Can I help you?	도움이 필요할 것 같은 사람에게 Can I help you?라고 물어볼 수 있어요. can 대신 may를 써서 May I help you?라고 해도 돼요.
Please open the door.	please를 붙이면 공손한 말이 돼요. door 대신 window를 써서 Please open the window.라고 하면 "창문을 열어 주세요"라는 뜻이 돼요.
Sorry, but I'm busy.	요청을 거절할 때도 공손하게 해야겠죠? 그냥 no라고 하기보다는 sorry를 붙여서 공손하게 부탁을 거절할 수 있어요.
Sure, I can.	뭔가를 할 수 있는지 물었을 때 대답하는 말이에요. Sure 대신 Yes를 쓸 수도 있고, 그냥 I can.이라고 대답해도 돼요.
Day 20 Be careful.	"조심해."라고 미리 경고할 때 이렇게 말해요.
Watch out!	Watch out!은 위급한 상황에서 소리 치듯 하는 말이에요. Look out!이라고 해도 같은 뜻이에요. 무엇을 조심하라고 구체적으로 경고할 때는 뒤에 for ...를 붙여서 설명해 주면 돼요.
Help yourself.	Help yourself.는 스스로를 도우라는 뜻이 아니라 음식을 맛있게 먹으라는 뜻이에요. 공손하게 말할 땐 앞에 Please를 붙이면 돼요.
Please go ahead.	앞서 배운 Help yourself.와 같은 표현이에요.

memo